Écorégions du Québec
Quebec Ecoregions

- Cordillère arctique
  Arctic Cordillera
- Toundra
  Tundra
- Taïga
  Taiga
- Plaine hudsonienne
  Hudson Plain
- Forêts septentrionales
  Northern Forests
- Forêts tempérées de l'Est
  Eastern Temperate Forests

1. **Parc national du Mont-Tremblant**
   Mont-Tremblant National Park
2. **Parc du Mont-Royal** – Mount Royal Park
3. **Refuge d'oiseaux de Philipsburg**
   Philipsburg Bird Sanctuary
4. **Réserve nationale de la faune du Cap Tourmente**
   Cap Tourmente National Wildlife Area
5. **Réserve faunique des Laurentides**
   Laurentides Wildlife Reserve
6. **Parc national du Fjord-du-Saguenay**
   Saguenay Fjord National Park
7. **Parc marin du Saguenay-Saint-Laurent**
   Saguenay-St. Lawrence Marine Park
8. **Parc national de la Gaspésie** – Gaspe National Park
9. **Parc national Forillon** – Forillon National Park
10. **Parc national de l'Île-Bonaventure-et-du-Rocher-Percé**
    Bonaventure Island and Percé Rock National Park
11. **Îles-de-la-Madeleine** – Magdalen Islands
12. **Île-d'Anticosti** – Anticosti Island

Text & illustrations © 2013, 2021
Waterford Press Inc. All rights reserved.
Photos © iStock Photo. Ecoregion map
© The North American Atlas. To order
or for information on custom published
products please call 800-434-2555 or
email orderdesk@waterfordpress.com. For
permissions or to share comments email
editor@waterfordpress.com. 215611

ISBN 978-1-58355-790-7
$7.95 U.S.
50795

LES OISEAUX DU QUÉBEC
QUEBEC BIRDS

Un guide de poche bilingue sur les espèces familières
A Bilingual Folding Pocket Guide to Familiar Species

Made in the USA
Kavanagh/Leung

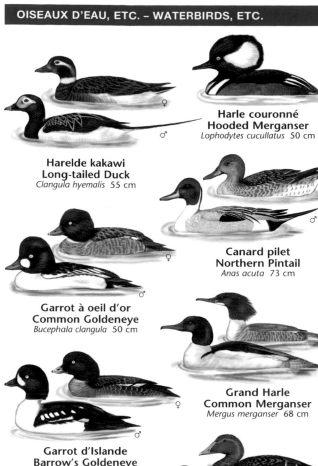

Plongeon huard
Common Loon
Gavia immer 90 cm
hiver/winter — été/summer

Grèbe esclavon
Horned Grebe
Podiceps auritus 38 cm

Grèbe à bec bigarré
Pied-billed Grebe
Podilymbus podiceps 33 cm

Oie des neiges
Snow Goose
Chen caerulescens 78 cm

Bernache du Canada
Canada Goose
Branta canadensis 1,14 m

Canard noir
American Black Duck
Anas rubripes 63 cm

Canard colvert
Mallard
Anas platyrhynchos 70 cm

Canard branchu
Wood Duck
Aix sponsa 50 cm

Canard d'Amérique
American Wigeon
Mareca americana 58 cm

Fuligule à collier
Ring-necked Duck
Aythya collaris 45 cm

Sarcelle à ailes bleues
Blue-winged Teal
Spatula discors 40 cm

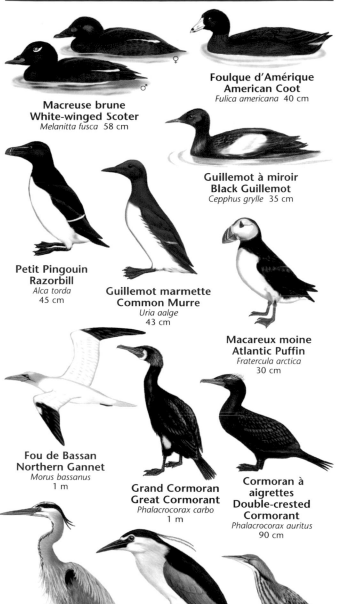

Harle couronné
Hooded Merganser
Lophodytes cucullatus 50 cm

Harelde kakawi
Long-tailed Duck
Clangula hyemalis 55 cm

Canard pilet
Northern Pintail
Anas acuta 73 cm

Garrot à oeil d'or
Common Goldeneye
Bucephala clangula 50 cm

Grand Harle
Common Merganser
Mergus merganser 68 cm

Garrot d'Islande
Barrow's Goldeneye
Bucephala islandica 50 cm

Eider à duvet
Common Eider
Somateria mollissima 70 cm

Petit Garrot
Bufflehead
Bucephala albeola 38 cm

Arlequin plongeur
Harlequin Duck
Histrionicus histrionicus 43 cm

Macreuse à front blanc
Surf Scoter
Melanitta perspicillata 50 cm

Macreuse brune
White-winged Scoter
Melanitta fusca 58 cm

Foulque d'Amérique
American Coot
Fulica americana 40 cm

Harle couronné
Hooded Merganser
Lophodytes cucullatus 50 cm

Guillemot à miroir
Black Guillemot
Cepphus grylle 35 cm

Petit Pingouin
Razorbill
Alca torda 45 cm

Guillemot marmette
Common Murre
Uria aalge 43 cm

Macareux moine
Atlantic Puffin
Fratercula arctica 30 cm

Fou de Bassan
Northern Gannet
Morus bassanus 1 m

Grand Cormoran
Great Cormorant
Phalacrocorax carbo 1 m

Cormoran à aigrettes
Double-crested Cormorant
Phalacrocorax auritus 90 cm

Grand Héron
Great Blue Heron
Ardea herodias 1,4 m

Bihoreau gris
Black-crowned Night-Heron
Nycticorax nycticorax 70 cm

Butor d'Amérique
American Bittern
Botaurus lentiginosus 58 cm

Bécasse d'Amérique
American Woodcock
Scolopax mino 30 cm

Pluvier kildir
Killdeer
Charadrius vociferus 30 cm

Chevalier grivelé
Spotted Sandpiper
Actitis macularius 20 cm

Grand Chevalier
Greater Yellowlegs
Tringa melanoleuca 38 cm

Maubèche des champs
Upland Sandpiper
Bartramia longicauda 30 cm

Bécassine de Wilson
Wilson's Snipe
Gallinago delicata 30 cm

Goéland marin
Great Black-backed Gull
Larus marinus 80 cm

Goéland à bec cerclé
Ring-billed Gull
Larus delawarensis 50 cm

Goéland argenté
Herring Gull
Larus argentatus 65 cm

Goéland bourgmestre
Glaucous Gull
Larus hyperboreus 68 cm

Sterne pierregarin
Common Tern
Sterna hirundo 38 cm

Mouette tridactyle
Black-legged Kittiwake
Rissa tridactyla 45 cm

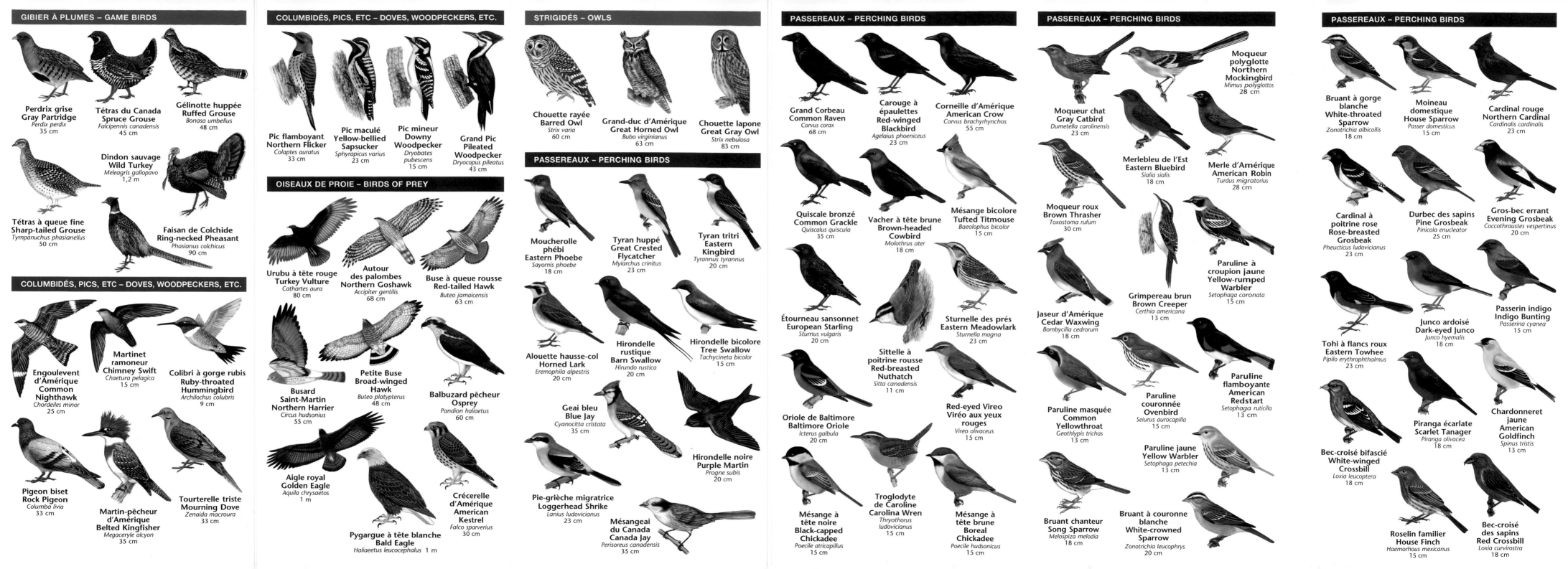

GIBIER À PLUMES – GAME BIRDS

Perdrix grise
Gray Partridge
Perdix perdix
35 cm

Tétras du Canada
Spruce Grouse
Falcipennis canadensis
45 cm

Gélinotte huppée
Ruffed Grouse
Bonasa umbellus
48 cm

Dindon sauvage
Wild Turkey
Meleagris gallopavo
1,2 m

Tétras à queue fine
Sharp-tailed Grouse
Tympanuchus phasianellus
50 cm

Faisan de Colchide
Ring-necked Pheasant
Phasianus colchicus
90 cm

COLUMBIDÉS, PICS, ETC – DOVES, WOODPECKERS, ETC.

Engoulevent d'Amérique
Common Nighthawk
Chordeiles minor
25 cm

Martinet ramoneur
Chimney Swift
Chaetura pelagica
15 cm

Colibri à gorge rubis
Ruby-throated Hummingbird
Archilochus colubris
9 cm

Pigeon biset
Rock Pigeon
Columba livia
33 cm

Martin-pêcheur d'Amérique
Belted Kingfisher
Megaceryle alcyon
35 cm

Tourterelle triste
Mourning Dove
Zenaida macroura
33 cm

COLUMBIDÉS, PICS, ETC – DOVES, WOODPECKERS, ETC.

Pic flamboyant
Northern Flicker
Colaptes auratus
33 cm

Pic maculé
Yellow-bellied Sapsucker
Sphyrapicus varius
23 cm

Pic mineur
Downy Woodpecker
Dryobates pubescens
15 cm

Grand Pic
Pileated Woodpecker
Dryocopus pileatus
43 cm

OISEAUX DE PROIE – BIRDS OF PREY

Urubu à tête rouge
Turkey Vulture
Cathartes aura
80 cm

Autour des palombes
Northern Goshawk
Accipiter gentilis
68 cm

Buse à queue rousse
Red-tailed Hawk
Buteo jamaicensis
63 cm

Busard Saint-Martin
Northern Harrier
Circus hudsonius
55 cm

Petite Buse
Broad-winged Hawk
Buteo platypterus
48 cm

Balbuzard pêcheur
Osprey
Pandion haliaetus
60 cm

Aigle royal
Golden Eagle
Aquila chrysaetos
1 m

Crécerelle d'Amérique
American Kestrel
Falco sparverius
30 cm

Pygargue à tête blanche
Bald Eagle
Haliaeetus leucocephalus 1 m

STRIGIDÉS – OWLS

Chouette rayée
Barred Owl
Strix varia
60 cm

Grand-duc d'Amérique
Great Horned Owl
Bubo virginianus
63 cm

Chouette lapone
Great Gray Owl
Strix nebulosa
83 cm

PASSEREAUX – PERCHING BIRDS

Moucherolle phébi
Eastern Phoebe
Sayornis phoebe
18 cm

Tyran huppé
Great Crested Flycatcher
Myiarchus crinitus
23 cm

Tyran tritri
Eastern Kingbird
Tyrannus tyrannus
20 cm

Alouette hausse-col
Horned Lark
Eremophila alpestris
20 cm

Hirondelle rustique
Barn Swallow
Hirundo rustica
20 cm

Hirondelle bicolore
Tree Swallow
Tachycineta bicolor
15 cm

Geai bleu
Blue Jay
Cyanocitta cristata
35 cm

Hirondelle noire
Purple Martin
Progne subis
20 cm

Pie-grièche migratrice
Loggerhead Shrike
Lanius ludovicianus
23 cm

Mésangeai du Canada
Canada Jay
Perisoreus canadensis
35 cm

PASSEREAUX – PERCHING BIRDS

Grand Corbeau
Common Raven
Corvus corax
68 cm

Carouge à épaulettes
Red-winged Blackbird
Agelaius phoeniceus
23 cm

Corneille d'Amérique
American Crow
Corvus brachyrhynchos
55 cm

Quiscale bronzé
Common Grackle
Quiscalus quiscula
35 cm

Vacher à tête brune
Brown-headed Cowbird
Molothrus ater
18 cm

Mésange bicolore
Tufted Titmouse
Baeolophus bicolor
15 cm

Étourneau sansonnet
European Starling
Sturnus vulgaris
20 cm

Sturnelle des prés
Eastern Meadowlark
Sturnella magna
23 cm

Oriole de Baltimore
Baltimore Oriole
Icterus galbula
20 cm

Sittelle à poitrine rousse
Red-breasted Nuthatch
Sitta canadensis
11 cm

Red-eyed Vireo
Viréo aux yeux rouges
Vireo olivaceus
15 cm

Mésange à tête noire
Black-capped Chickadee
Poecile atricapillus
15 cm

Troglodyte de Caroline
Carolina Wren
Thryothorus ludovicianus
15 cm

Mésange à tête brune
Boreal Chickadee
Poecile hudsonicus
15 cm

PASSEREAUX – PERCHING BIRDS

Moqueur polyglotte
Northern Mockingbird
Mimus polyglottos
28 cm

Moqueur chat
Gray Catbird
Dumetella carolinensis
23 cm

Merlebleu de l'Est
Eastern Bluebird
Sialia sialis
18 cm

Merle d'Amérique
American Robin
Turdus migratorius
28 cm

Moqueur roux
Brown Thrasher
Toxostoma rufum
30 cm

Jaseur d'Amérique
Cedar Waxwing
Bombycilla cedrorum
18 cm

Grimpereau brun
Brown Creeper
Certhia americana
13 cm

Paruline à croupion jaune
Yellow-rumped Warbler
Setophaga coronata
15 cm

Paruline masquée
Common Yellowthroat
Geothlypis trichas
13 cm

Paruline couronnée
Ovenbird
Seiurus aurocapilla
15 cm

Paruline flamboyante
American Redstart
Setophaga ruticilla
13 cm

Paruline jaune
Yellow Warbler
Setophaga petechia
13 cm

Bruant chanteur
Song Sparrow
Melospiza melodia
18 cm

Bruant à couronne blanche
White-crowned Sparrow
Zonotrichia leucophrys
20 cm

PASSEREAUX – PERCHING BIRDS

Bruant à gorge blanche
White-throated Sparrow
Zonotrichia albicollis
18 cm

Moineau domestique
House Sparrow
Passer domesticus
15 cm

Cardinal rouge
Northern Cardinal
Cardinalis cardinalis
23 cm

Cardinal à poitrine rose
Rose-breasted Grosbeak
Pheucticus ludovicianus
23 cm

Durbec des sapins
Pine Grosbeak
Pinicola enucleator
25 cm

Gros-bec errant
Evening Grosbeak
Coccothraustes vespertinus
20 cm

Junco ardoisé
Dark-eyed Junco
Junco hyemalis
18 cm

Passerin indigo
Indigo Bunting
Passerina cyanea
15 cm

Tohi à flancs roux
Eastern Towhee
Pipilo erythrophthalmus
23 cm

Piranga écarlate
Scarlet Tanager
Piranga olivacea
18 cm

Chardonneret jaune
American Goldfinch
Spinus tristis
13 cm

Bec-croisé bifascié
White-winged Crossbill
Loxia leucoptera
18 cm

Roselin familier
House Finch
Haemorhous mexicanus
15 cm

Bec-croisé des sapins
Red Crossbill
Loxia curvirostra
18 cm